Strings of thoughts

Neha V Tewari

BookLeaf Publishing

India | USA | UK

Presentation by *BookLeaf Publishing*

Web: www.bookleafpub.com

E-mail: info@bookleafpub.com

ISBN: 9789360942892

First edition 2024

तुम

सिर्फ आंखों में देखोगे तो
शायद ढूंढ ना पाओ खुद को...
मेरे अल्फ़ाज़ों में ढूंढोगे तो
हर लफ्ज़ में एक दास्तान पाओगे...

सबसे पहले कुछ मां के लिए

प्यार की मेरी परिभाषा हो
रोशनी हो मेरे मन की
मेरे दिल की तुम धड़कन हो
सांसें हो मेरे इस तन की....

छोटी-छोटी बातें समझाने को
खुद को इतना खपाती हो
मां शब्द के अर्थ को मेरे लिए
सार्थक तुम बनाती हो....

बस प्यार ही प्यार है आंचल में
ना शिकवे-गिले ना गुस्सा है
ना कोई आशा ना उम्मीद हमसे
बस आशीर्वाद में हमारा हिस्सा है...

तुम खुश रहो मां स्वस्थ रहो
जैसी अब हो वैसी मस्त रहो
और अपने छोटे-छोटे बच्चों की
नादानियों से त्रस्त रहो ..

Heartfelt desire

In my heart of hearts
There's a desire
To give my heart those wings
And go higher and higher

Be that pellucid raindrop
And become someone's bliss
Be the charm of old eyes
And the good old reminisce

Be the smile of a child
Be that hearty laughter so pure
Be the love of someone's heart
Be someone's trust galore

Be that old love letter
In the dusty cupboards
Those walks down the memory lane
Of two lovely lovebirds

Be the magic potion
That heals unrequited love
Be that enchanting road journey
Be that captivating road curve

Be the sip of coffee
That gives hope for the day
Be the picturesque seashore
That takes one's breath away

Be the old torn picture
That tells the story of the youth
which connects two hearts,
Be that old telephone booth

I yearn to be the stick
That holds the shaky hands
Be the healing touch of a healer
The broken heart that mends

Be that fateful destiny
That brings people closer
Which gives you the freedom to cry on
That one strong shoulder

Be one with mankind
Be one as a whole
Be one with the universe
And be one with my soul!

नहीं पूछा

बड़ी मुद्दत से दिल का हाल नहीं पूछा
मेरी आंखों ने उससे कोई सवाल नहीं पूछा
जहां दिखती रही राह हम उस और चलते गए
ये रास्ता ख़ास हुआ या आम नहीं पूछा

वो फकीर जो राह में दुआएं बरसा रहा था
रुक कर किसी ने भी उसका नाम नहीं पूछा
अहमियत वहां होती है जहां एहसास होते हैं
अजनबी से तो भीगी पलकों का भी राज़ नहीं पूछा

कभी डूबे, कभी तैरे, कभी किनारे आ गए
मोहब्बत करने वालों ने अंजाम नहीं पूछा
जिस डाल को तोड़कर तुमने झरोखा बना लिया
वो चाहती क्या थी बनना, किसी ने ये सवाल नहीं
पूछा

खूबसूरत

ना मंज़िल से खूबसूरत है...
ना राह से खूबसूरत है...
सफर तो चलने वाले के
दिल के हाल से खूबसूरत है...

ना लहराते बालों से खूबसूरत है....
ना चेहरे की ताज़गी से खूबसूरत है ....
हर शख़्स अपनी नीयत की
सादगी से खूबसूरत है ....

ना बयां करने के अंदाज़ से खूबसूरत है....
ना दिल छू लेने वाले अल्फ़ाज़ से खूबसूरत है....
इश्क़ तो माशूक के रूठने के
खूबसूरत अंदाज़ से खूबसूरत है....

कुछ ऐसी मोहब्बत

एक मोहब्बत ऐसी जो बयान हो नहीं पाती
एक जो बयान होकर भी अधूरी सी रह जाए...
एक वो जो पूरी होकर भी है अधूरी-सी लगती
और फिर वो जो अधूरी होकर भी पूरे होने का एहसास
दे जाए..

ये जीवन कट ही जाएगा

कब होगा कैसे होगा
सोचने से क्या हो जाएगा
जब अब तक होता आया है
तो आगे भी हो जाएगा।

जो बीत गया, उसका गम क्या
जो कल होना है, कल ही हो पाएगा
इस पल पल पल पल मरने से
समय का फेर बदल ना पाएगा

कोई अच्छाईयों की गवाही देगा
कोई बुराई तुम में गिनवाएगा
जो मन को तेरे जान सके
कोई बिरला ही मिल पाएगा

जो रात कभी आई तो
सवेरा भी हो जाएगा
बीते कल और कल की चिंता में
आज हाथों से फिसलता जाएगा

कोई अपने बिछड़ेंगे राहों में
कोई पराया अपना हो जाएगा
यूं ही हाथ मिलेंगे, साथ मिलेंगे
ये जीवन कट ही जाएगा

राज़

💕कुछ अनकही सी बातें
कुछ राज़ होते हैं...
हर दिल में खन-खन करते से
कुछ साज़ होते हैं...
कुछ होते हैं पलकों पे भीगे-भीगे से
कुछ सतरंगी मिज़ाज होते हैं...
दिल में बेइंतहा शोर करते हैं
पर बाहर बे-आवाज़ होते हैं....💕

अस्तित्व

तुम सिर्फ तुम से हो किसी और से नहीं
तुम्हारा अपना एक रूप है स्वरूप है
विचार हैं, संस्कार हैं
तुम्हारी अपनी एक अलग राह है
तुम्हारे जीवन का अलग प्रवाह है

वो तुम ही हो
जिसके लिए ये सूरज रोज़ उठता है
चांद घटता और बढ़ता है
हवाएं रुख बदलती हैं
नदियां कलकल करती हैं
तारे टिमटिमाते हैं
पत्ते लहलहाते हैं
झरने झर-झर के गिरते हैं
पंछी कोलाहल करते हैं

कोई तुमको शून्य कर नहीं सकता
कोई तुम्हारा मूल्य रख नहीं सकता

खोलो अपने मन की परतों को अपने ही सामने
कि अब तो खुद से तुम्हारी मुलाकात हो जाए
आंखें बंद करके अपने दिल में यूं झांको
कि ये मिलन खुशियों की सौगात हो जाए

सबसे पहले खुद को तुम रास हो जाओ
किसी और के नहीं....बस अपने ख़ास हो जाओ

The time of the year when I am the happiest
#pluviophile#

बूंदों की ख़्वाहिश

क्या कहती हैं तुमसे ये बूंदों की छमछम
कि आ जाओ मेरे आगोश में तुम
ये जीवन तो चलता है चलता रहेगा
ये सुख दुख की नदिया में बहता रहेगा

के झूमों और नाचो इस रिमझिम में तुम
के खो जाओ आकर मेरे साये में तुम
आओ मिटा दूँ बरसों की तपन को
आओ शीतल कर दूँ तुम्हारे इस मन को
के लाई हूँ अमृत आंचल में भर के
आओ पावन कर दूँ तुम्हारे जीवन को

कि तय करके आई हूँ बड़ी लंबी दूरियाँ
कुछ तुमसे कहने, कुछ तुमसे सुनने
सिर्फ तुमसे मिलने सिर्फ तुमको छूने
कुछ यादें धोने, कुछ सपने बुनने

चाहे आकर तुम कुछ भी ना कहना
बस मेरे आंचल को महसूस करना
छूकर मेरे अमृत से जल को
साँसों मे अपनी सुकून भरना

फिर ऐसा ना हो कि जाना पड़े मुझको
बिना तुमको छूए, बिना तुमसे मिलके
बह जाऊँ मैं भी एक नदिया सी बन के
मिल जाएँ मुझमें ये सुख दुख के झोंके

कि फिर ना हमारा मिलन हो सकेगा
फिर ना तु मुझमें मगन हो सकेगा
आओ कुछ पल निकालो ज़रा तुम
कि रह जाएँ तुम मुझमें, मैं तुम में खोके
क्या कहती हैं तुमसे ये बूंदों की छमछम
कि आ जाओ मेरे आगोश में तुम।

कुछ खुद से खुद को

नन्हे-नन्हे क़दमों से चलकर गिराया है तुम्हें...
नटखट से लालच में कभी फंसाया है तुम्हें ...
वो दोस्तों के साथ शरारत करने के चक्कर में..
घंटों धूप में झुलसाया है तुम्हें।

कितनी दफ़ा बेवजह सताया है तुम्हें...
छोटी-छोटी बातों पर रुलाया है तुम्हें..
याद करते-करते किसी को... भुलाया है तुम्हें..
कभी सिरहाने सारी रात जगाया है तुम्हें।

फूलों की तरह कभी महकाया है तुम्हें..
बड़े नाज़ों से कभी सजाया है तुम्हें...
कभी फिर रूठकर सारी दुनिया से यूं ही बेवजह..
खुद से ही नज़रअंदाज़ कराया है तुम्हें।

छुपा कर के सारी दुनिया से मैंने
इस दिल का राज़दार बस बनाया है तुम्हें...
बेवजह सी नाराज़गी करके किसी से...
वक़्त बेवक्त यूं ही सताया है तुम्हें।

कोई एक पल को तो कोई दो दिन को साथ चले...
पल हर पल का साथी बनाया है तुम्हें...
रात के अंधेरे में या दिन के उजालों में...
अपना रहनुमा बस एक बनाया है तुम्हें।

सच बोलूं तो कितनी बार फुसलाया है तुम्हें..
झूठी-मूठी तसल्ली देकर भी बहलाया है तुम्हें..
पर कभी रूठी-रूठी सी लगी अगर ये ज़िंदगी मुझे..
अपनी आंखों में ख्वाब पिरोते हुए मैंने पाया है तुम्हें।

तुम नहीं तो कुछ भी नहीं हूं मैं...
क्या कभी मैंने ये बताया है तुम्हें..
तंग करती हूं तुमको पर ...मोहब्बत भी करती हूं तुम
से...
क्या कभी मैंने ये जताया है तुम्हें!

Because the only person we forget to love is our
own self #

A tribute to the unfulfilled desires and
never-ending quest for things in life....

अधूरी ख्वाहिशें

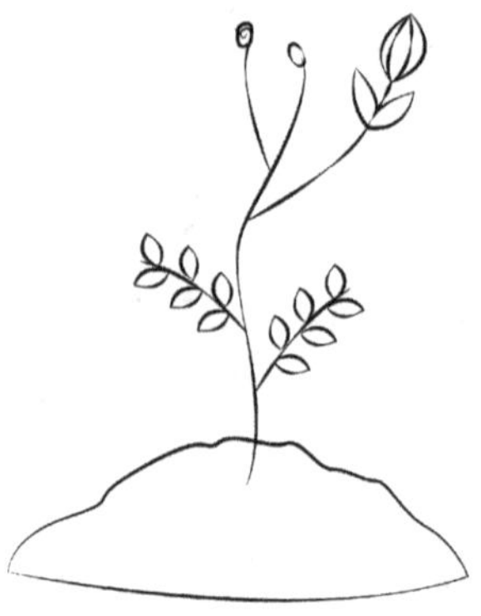

तू सिर्फ़ एक एहसास है
शायद इसलिए इतना ख़ास है

अगर होता तू मेरे पास
शायद ना आता तू भी रास।
रहता मेरे साथ ऐसे
जैसे एक अनबुझी सी प्यास

और फिर से ढूँढने लगता मन
फिर से करता वो तलाश ....
तलाश कुछ राहत के पलों की

उस गुनगुनी धूप की
सुकून से बहती हुई नदी की
मदमस्त लहलहाते पत्तों की
मन में उठती हुई तरंगों की
और तलाश फिर से ख़त्म होती
एक एहसास पर

जो होता बहुत ही ख़ास
पर होता सिर्फ़ और सिर्फ़ एक एहसास....

मैं नदिया

मैं कलकल कलकल बहती हूं, आंचल में कितने ख्वाब लिए
तुम रहते हो गुमसुम गुपचुप, सीने में लाखों राज़ लिए

तुम अर्श को छूते हो हरपल, और खुद पर ही इतराते हो
देख कर अपना अक्स मुझमें, मन ही मन इठलाते हो।

मैं नटखट सी मैं चंचल सी, आंख मिचौली करती हूं
मैं प्रीत भी हूं मैं मीत भी हूं, तुमसे ठिठोली करती हूं

मेरी राह में जब-जब आते हो, मैं मस्त मगन सी बहती हूं
फिर चुपके से आकर साहिल पे, तुमसे मन की बातें कहती हूं

तुम पर्वत हो तुम निष्ठुर हो, मैं नदिया हूं बह जाऊंगी
जाते-जाते इस पावन सी प्रीत की पर, कुछ भीगी यादें दे जाऊंगी

This poem is for the strange love that I have for the "अमलतास" (Golden Rain Tree) and every year I can't wait for summer to come and see it in its full bloom…

अमलतास

तुझमें सूरज सी रोशनी चमचम...
और चाँद सी चाँदनी मद्धम....
हो न हो किसी के लिए
मेरे लिए तू कुछ ख़ास है
तू......तू अमलतास है.....

स्वर्णिम सी काया तेरी....
पीताम्बरी छाया तेरी....
आंखों मे रम जाए
ऐसा सुहावना सा लिबास है
तू......तू अमलतास है......

एक सादगी सी छलक़ती है....
जब कलियाँ वो चटकती हैं....
जब से देखा है मैंने तुझको
बस तुझे देखने की आस है
तू......तू अमलतास है.....

एक जादू सा है उस रंग मे....
एक कशिश सी है अपनेपन की....
न भाए कोई और मुझे
बस तेरी ही मुझको तलाश है
तू......तू अमलतास है....

तू कृष्ण सा चित्तचोर है....
एक अनछुई सी जैसे भोर है....
तू है कोई मेरा अपना
या सिर्फ ये मेरा आभास है
तू......तू अमलतास है.....

बस इतनी सी चाहत है मेरी...
मेरे आँगन मे छाँव बिखरे तेरी....
देखूँ तुझे पल हर पल
और ख़त्म हो जो ये तलाश है
तू......तू अमलतास है....

My sweet little daughter

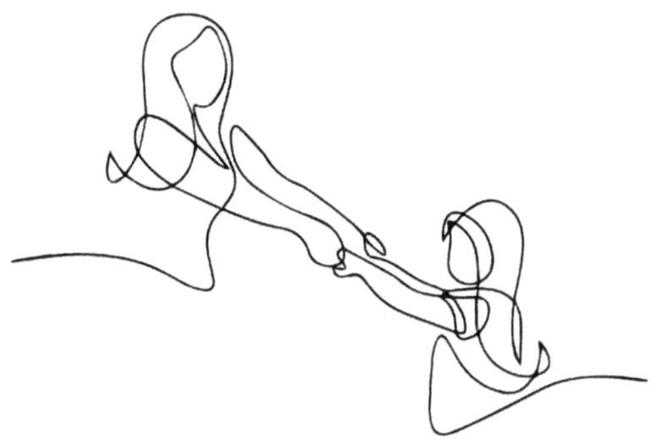

Ever since I knew a precious gift from the
heavens was on its way...
I know I am in love..

Ever since you started fluttering in my tummy..
I know I am in love...

Ever since I held the tiny you in my arms..
I know I am in love..

When you envelop my finger in your little
hands..
I know I am in love...

When you cry for me to embrace you...
I know I am in love....

Ever since memorizing lullabies is my favorite
passtime..
I know I am in love ..

When the twinkle of your eyes just melts my
heart...
I know I am in love...

When I am disarmed by your winsome smile..
I know I am in love

When I joyously sing melodies in the middle of
the night..
I know I am in love...

Ever since my whole world started revolving
around you...
I know I am in love..

Ever since sleepless nights stopped mattering
anymore..
I know I am in love...

When I feel like capturing and freezing the
moments each day...
I know I am in love..

When you wiggle your hands and toes with
delight..

I know I am in love...

When your smile warms my heart and brightens
my day…
 I know I am in love...

ज़िंदगी

जब जब लगता है ज़िंदगी तू मुझको भूल जाती है
छोटी-छोटी खुशियाँ देकर अपने होने का एहसास
दिलाती है...
कभी चाहत जगाती है, कभी दिल को लुभाती है
प्यारे नटखट से दोस्त की तरह तू मुझको यूँ मनाती
है....
मासूमियत से भर देती है फिर से नूर मेरे दिल मे
मेरी नाराज़गी तुझसे यूँ ही बेफ़िज़ूल जाती है....

चकोर

बैठे थे इस पार, करने चाँद का दीदार
वो आया और छुप गया, दिखा कर सपनों का संसार...

मुस्कुराया कुछ वो ऐसे, चाँदनी घुल जाए मन मे जैसे
उस मुस्कुराहट के ऊपर, वार दी हमने आरज़ू हज़ार...

उसकी आँखों मे देखो तो वो आँख चुराता है
अगर छुप जाऊँ मैं कहीं, वो चाँदनी भेज कर बुलाता
है...

उस चांद से मेरी लुकाछुपी चलती है हर रोज़
झूठी उसकी हर कसमें, झूठा है उसका हर सोज़...

उसकी चाँदनी की ठंडक, हर एक मन मे समाती है
बस मुझको ही महरूम, क्यो वो रोशनी कर जाती है..

मैंने सोचा क्यो ना आज, पूरी रात करूँ इंतज़ार
कभी तो निकलेगा बाहर, कभी तो देगा वो दीदार...

छुप जाए बादल मे वो, जब-जब देखूँ उसकी ओर
इस धरती मे उस अंबर पे, है वो सबका चितचोर..

उस चाँद से मेरा, कुछ ऐसा नाता है
न मैं जानू न वो जाने, कौन किसको चाहता है...

ऐसा नहीं कि रोशनी बिन हम तरसते हैं
ये जुगनू ये तारे मेरे आँगन मे बसते हैं

पर बिखरे वो चाँदनी आँगन मे, तो जुगनू आज़ाद करूँ सारे
भर लूँ चाँदनी बस मन मे, और आज़ाद करूँ तारे...

चाहे कितना ही छुप जाए, चाहे नखरे करे हज़ार
चाहे कितना ही चढ़ जाए, अपने रूप का उस पर खुमार...

इस लुकाछुपी मे, मैंने दी है उसको मात
उस खिड़की की ओट से, निहारा मैंने उसे हर रात....

कुछ यूँ ही

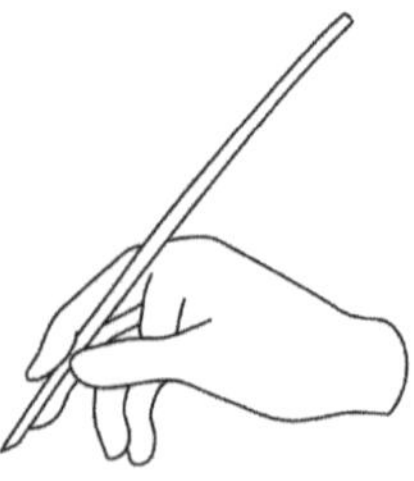

समझता है इंसान कि समझता है वो हर इंसान की
फ़ितरत
एक ज़िंदगी कम पड़ जाती है खुद अपने दिल को
समझ पाने में

मन के आँचल को झटक कर देखा जो एक बार
कितनी ही आरज़ू छुपी थी उस ताने बाने में

रोज़ लिख कर फाड़ दी वो दिल की चिट्ठियाँ हमने
चाहने वाले बहुत है तेरे इस ज़माने में

बैठे कुछ देर पेड़ की छाँव मे तो महसूस हुआ
मज़ा कुछ तो ज़रूर होगा छाँव देकर खुद को यूं जलाने
में

फ़िक्र भी तेरी और ज़िक्र भी तेरा
मेरा अब कुछ भी न रहा इस आशियाने में

न आँखें भीगी न दिल ही रोया
रखा क्या है ऐसी मोहब्बत के लिए मिट जाने में

रोकता कोई अगर तो रुक ही जाते
दिल के हज़ार टुकड़े हुए एक-एक कदम उठाने में

आँखों की ज़ुबान को आँखों से ही समझने दो
कुछ भी नहीं है सब कुछ यूं ही कह जाने में

न तेरी तमन्ना है उसे, न ही तेरा इंतज़ार है
मज़ा आता है उसे यूं ही खुद को तड़पाने में

ख़्वाहिशों के पुल तो बनाए हमने भी बहुत
बस कदम उठ न पाये इस पार से उस पार जाने में

देख कर लगा कि न जाने कब से जानते हैं उन्हें
वरना कुछ पल तो लगते जान पहचान बनाने में

रूठ जाए कोई अपना तो मना लेते हैं पल में
कुछ बहुत ख़ास लगता है, किसी अजनबी खास को
मनाने में

"ख़्वाब"

पलकों मे कुछ ख़्वाब, ख़्वाबों के पंख बेहिसाब...
कभी ये दिल मे उमड़ते हैं, कभी हैं जाते माहताब...
(माहताब-चाँद)

कभी आँसू ये बन जाएँ ,कभी नाचे कि मोर वन में...
कभी ज़माने भर का किस्सा है, कभी रह जाएँ बस मन
में ...

कभी आँखों मे बसते हैं, कभी साँसों मे घुलते हैं...
कभी दिल मे उतर के ये, पल-पल सँवरते हैं...

न इनकी कोई सीमा है, न इन पर कोई पाबंदी..
ख़्वाबों के सजने मे, बस इक दिल की रज़ामंदी..

न इनकी कोई धरती है, न इनकी कोई जन्नत है...
बस आँखों मे बसे रहना ही, इनकी एक हसरत है..

न इनकी कोई सूरत है, न इनकी कोई सीरत है....
इंसान मे फरक न करना ही, इनकी एक फ़ितरत है..

तेरी आँखों में भी हैं, मेरे दिल में भी बसते हैं...
कभी पूरे उम्मीद से ज़्यादा, कभी हर पल तरसते हैं..

कभी ये पूरे हो जाएँ, कभी रह जाएँ अधूरे से....
कभी रोशनी से सरोबार, कभी अंधेरे घनेरे से..

कभी ज़ख़्म दे जाएँ, कभी लग जाएँ मरहम से....
कभी मासूमियत इनमें, कभी नटखट ये बचपन से..

इन ख़्वाबों के होने से ही, इस दिल मे धड़कन है...
ये न हो जो आँखों मे, ना फिर जीवन मे जीवन है..

किसी के ख़्वाबों मे हो तुम, कोई है तेरे ख़्वाबों में ...
इन के किस्से मिलते हैं, हर एक मन की किताबों में ..

ना सीमा है चाहत की... न बंधन कोई उम्र के
ठिकाने हैं इनके तो, हर एक दिल की दराज़ों में ..

सोच

कहीं पल, लम्हे, साल यूं ही बीत जाते हैं
कहीं ज़िंदगी की कोई इंतेहा नहीं।

समझ लें जिस दिन इस जीवन का फल्स्फ़ा
फिर कुछ भी तेरा नहीं, कुछ मेरा नहीं।

बरस जाए अगर बादल, तो है खुदा यहीं
और भीग जाएँ अगर आँखें तो कोई दवा नहीं।

प्यार पत्थर से होता है, प्यार खुदा से होता है
पर खुदा को जिस से हो जाए, है इंसान वही।

बीत जाता है ये जीवन यूं ही राह में चलते-चलते
पहुँचना कहाँ है ये कोई भी जानता नहीं।

मदमस्त चलने दो इन दिल की धड़कनों को
ये रुक गई तो तू तेरा नहीं, मैं मेरा नहीं।

खुशियों और गम में है सबका बराबर का हिस्सा
ये वो कारोबार है जो कभी बंटा नहीं।

ये खुशी में भी बरसती हैं, ये गम में भी बरसती हैं
ये आँखें ही हैं, जिनका कोई कायदा नहीं।

ओस की बूँद

उस काँच से बहती हुई ओस की बूँद से मैंने पूछा...
कैसा लगता है तुमको यूँ अपना अस्तित्व खो जाने से
बड़ी मासूमियत से उसने कहा....

प्यार और अस्तित्व का बड़ा गहरा रिश्ता है...
या प्यार खो जाता है अस्तित्व को पाने मे.....
या अस्तित्व गुम जाता है प्यार की गहराई मे डूब
जाने से....
अगर बहने ही नहीं दिया इस रूह में मोहब्बत को
क्या मिलेगा ज़माने भर की दौलत पाने से.....

मैं ओस से बूँद बन गई प्यार मे मिट कर
क्या मिलता यूँ ही खुश्क होकर आसमान मे मिल
जाने से....

अजनबी

बड़ी हसरत से देखा आँखों मे उसकी
ये दिल कोई दीवार मानता ही नहीं...
न कोई वजूद दिखा उन आँखों मे मेरा
मालूम हुआ वो हमे जानता ही नहीं...
**

Jams jams everywhere!!!
My beloved Delhi

Jams Jams everywhere and not an inch to move
Jams jams everywhere and I get enough time to
snooze!!
Jams Jams everywhere and my sweet home
seems so far
and everyday I promise tomorrow I won't come
by car.

Everyday I put my logic to work harder
to find out which of the lanes moves faster
the first or second or the extreme left
and everyday I conclude, the lane next to me is
blessed.

And when sometimes the music is of my choice
traffic doesn't bother and I don't hear any noise
the driver next to me gives a look with an evil
eye
as if trying to reinforce that girls can't drive.

And when my patience is about to end
I see a car gone haywire at the next bend
all my curses to the tailback fades
and sympathy of mine the poor fellow gains.

Jams jams everywhere and everyday I am at
crossroad
to choose between the crush of metro or rush of
the road
And my lazy bones tell me that everything has
some benefit
Yes, I am proud to have a record of never
crossing the speed limit....

कुछ और बात है

आंखो मे चमक और दिल मे मुस्कुराहट हो
तो कुछ और बात है
चेहरे पर सुकून और मन में राहत हो
तो कुछ और बात है
जीने को तो जी लेते हैं सभी
पर ज़िंदगी मे थोड़ी सी ज़िंदगी घुल जाए
तो कुछ और बात है

मौसम तो आते रहते हैं यूं ही पर
बिन मौसम बरसात हो जाए तो कुछ और बात है
खुदा ने बख्शी है रहमतें बेइंतेहान
समय रहते समझ जाएँ तो कुछ और बात है

कहते हैं फरिश्ते होते हैं ज़मीन पर कहीं
वो आपकी ज़िंदगी मे आ जाएँ तो कुछ और बात है

देने को तो हाथ दे देंगे कई लोग राह में चलते हुए
कोई हाथ तेरे लिए दुआ मे उठ जाए तो कुछ और बात
है

कहते है सच्चा प्यार खुशनसीब को मिलता है इस
जहां मे
उस प्यार का आग़ाज़ तुम करो तो कुछ और बात है
उनकी एक मुस्कुराहट से मुस्कुरा उठता है ये दिल
इस बात पर वो थोड़ा और मुस्कुरा दें तो कुछ और
बात है

बोल देने पर भी शायद न समझ पाए कोई
बात आँखों से समझा सको तो कुछ और बात है
एक घरौंदा बनाते बनाते बीत जाती है ताउम्र
किसी के दिल मे रह सको तो कुछ और बात है

ज़िंदगी के आग़ाज़ मे जितनी मासूमियत थी हम में
अंजाम तक वो बरकरार रहे तो कुछ और बात है
हर किसी को चाहिए खुशियों मे थोड़ा सा हिस्सा
खुशियाँ खुद तेरी तलबगार हो जाएँ तो कुछ और बात
है

इंतेहान

आँखों मे उतर कर यूं दिल मे समाये जाते हो
न कहते हो न सुनते हो एक राज़ बनाए जाते हो...
बेपरवाही कहे या बेरुखी की इंतेहान इसे
ख्वाबों मे आकर भी तुम बस खामोशी सुनाये जाते
हो...

खामोशी

कब तक नाम पुकारें तेरा, कभी तू भी तो कुछ बोल
अपने मन की पहेलियों का, कुछ भेद कभी तो
खोल.....
तक तक तुझको नैन थक गए, फीके पड़ गए बोल
खामोशी की अनमोल ज़ुबान का, तूने समझा न कुछ
मोल....

If only

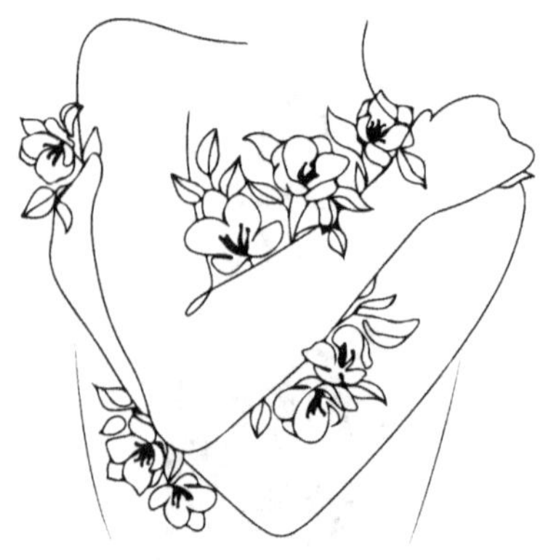

If only I could sing a song for you....
I will give it the music of my heartbeats...
If only I could fly with you....
I will fly like a bird with newfound wings....

If only I could dance with you,
I will dance like a peacock in the rain...
If only I could smile for you....
I will smile like a flower once again....

If only eyes could touch the soul..
I will fill them up with earnest devotion...
If only the heart could speak some words...
I will embellish them with laces of affection...

If only I could hear your voice...
the trust in magic I will regain...
If only I could smile for you..
I will smile like a flower once again....

चकोर -2

चकोर की मोहब्बत से चांद को गुरूर हो गया ....
बे-शर्त चाहना भी अब उसका कुसूर हो गया।
वो छुप गया अब्र में अब ना याद करता है.....
चकोर फिर भी एक झलक पाने की फरयाद करता है।

चकोर की उदासी दिन-दिन बढ़ती जाती है....
चांद की बेरुखी उसे हर पल सताती है ।
वो जानता है चांद तक ना उसकी परवाज़ है उसकी
सोच से भी ऊंची चांद की फ़राज़ है......

चांद भी इतना फासला मिटा नहीं सकता.....
अपना आशियाना छोड़कर ज़मीन पर आ नहीं
सकता।
चकोर को मंज़ूर दूर से ही दीदार है....
पर चांद को इससे भी ना जाने क्यों इनकार है।

कभी बेज़ार हो जाए कभी यूं रूठ जाता है......
अपनी छाया से भी मरहूम चकोर को कर जाता है।
चकोर की उम्मीद फिर भी बरकरार है
चांद का नहीं ... उसे चांदनी का इंतज़ार है।

ना दिखे चांद ताउम्र.... तो भी इकरार है..
उसे सूरत से नहीं .. चांद की सीरत से प्यार है।

कुछ कुछ अपना सा

देखा जिसे भी करीब से
कुछ-कुछ अपना सा लगा...
हर चेहरे के पीछे कोई चेहरा
हर शख़्स कुछ गहरा, बहुत गहरा सा लगा...

जो कहते हैं सब कुछ पा लिया हमने
वो भी हर वक़्त बेक़रार सा लगा...
जिसे लगता है कुछ हासिल नहीं किया
वो शख़्स भी मुझे सरोबार सा लगा...

हर मासूम चेहरे में शरारत
और हर शरारत में मासूमियत दिखी...
हर शख़्स, हर शख़्स के पास मुझे
ख़ूबसूरत से जज़्बों की मिल्कियत दिखी...

चंचल से चेहरे के पीछे एक ठहरा हुआ शख़्स
और ठहरा सा वो शख़्स अधीर सा लगा...
वो संजीदा सा चेहरा कुछ नटखट सा निकला
और खिलखिलाते हुए चेहरे का मन गंभीर सा लगा...

हर किसी को है खुल के जीने की चाहत
हर कोई खुद से लड़ता सा दिखा...
हर कोई चाहता है खुद के लिए जीना
फिर भी हर कोई दूसरों को खुश करता सा दिखा...

हर कोई गुम है अपने ही ख्यालों में
हर कोई अपनी खुशियाँ ढूँढता सा लगा....
हर कोई अपनी मंज़िल का पता
किसी और, किसी और से पूछता सा लगा..

जीवनसाथी

वो तुमसे रूठकर जो छुप कर मुस्कुराता है कोई…
तुम मनाओ दिल ओ जान से जो चाहता है कोई…
उलझने तुम्हारी जो सुलझाता है कोई…
तुमको मानकर अपना जो इठलाता है कोई….

पता है उसे किस बात से ख़फ़ा होते हो तुम..
छेड़ने को तुम्हें, उसी को दोहराता है कोई
तुम गुमसुम हो तो वो भी चुप सा हो जाए..
मनचली बातों से फिर बहलाता है कोई

ना समंदर सा गहरा ना नदियों सा चंचल..
बारिश की बूँदों सा जो सहलाता है कोई
तुम उससे रूठो तो वो तुमसे रूठ जाए…
हर वक्त ऐसे ही जो सताता है कोई…

वो साथी नहीं दिल का सुकून सा है..
उसके होने से ये दिल मग़रूर सा है..
वो जाने या ना जाने दिलों की गहराइयाँ
दिल उसे चाहने को मज़बूर सा है …

शख़्सियत

सुबह का वो सुनहरी सा सूरज
मद्धम सा, मखमली सा
रूहानियत बिखराता वो सूरज

दिन चढ़ते वो जलता सा सूरज
तेज़ गर्मी से निशब्द करता हुआ
घृणा का पात्र, आँखों को चुभता सा
झुलसाता, तड़पाता सा सूरज

सर्दी की भरी दोपहरी में
राहत और सुकून बरसाता हुआ
सहलाता, शर्माता सा सूरज

शाम की वो किरणें
आसमान से धरा की ओर
हज़ारों लकीरें खींचती हुई
आँखों को, मन को भाता वो सूरज

फिर रात के अँधेरे में गुमसुम सा, ओझल सा
किसी और को रोशनी देकर
अपनी मौजूदगी का एहसास कराता वो सूरज

है इंसान की शख़्सियत भी कुछ ऐसी ही अस्थिर
किसी के लिए वो विनम्र है..
किसी के लिए है कुछ कठोर सा
किसी के लिए वो शांत है...
किसी को है वो आँखों में कुछ चुभता सा
हर किसी का अनुभव है कुछ अलग अलग सा...
क्योंकि हर किसी ने अलग पहर, अलग मौसम में
देखा वो सूरज

When I will be gone

Someday I will be gone
Will be ashes and dust
And just a soul
No body no feelings
No regrets no guilt
No hurt no desire
Body burning in the pious pyre

You will be in tears 'O' my loved one
And might think life is not worth
But do not be so sad and forlorn
For if there was life there has to be death
Know that there is nothing

That I left unsaid or undone
That I never lied to myself
And healed myself at every turn
Know that I lived fully each day
Know that I loved and treasured all
Know that not a single day, I was unaware
Of the destiny that on each one would befall

For if there was life there has to be death
And death is followed by life alone
My soul will still be buzzing around you
A new set of clothing, it would don
Know it by heart that my soul would bleed
To see you in tears, to see you mourn

And I will always be around you
As love as bliss
As a forehead kiss
As warmth of sunrise
As comforts of paradise
As the ombre colors of sunset
As the beauty of the moon
As the shapes in the clouds
As the showers of monsoon

Close your eyes
and feel me in your arms
Let's again have a hearty laughter
Let's again do that silly dance

Let's soak again in the golden rain
Let's give happiness another chance

My dear you will find me in your giggles
In your laughter, in your joy
And even if your heart still longs for me….
Know that to you, I can never say goodbye

इबादत

की होगी मोहब्बत किसी से कभी अगर
तो ही किसी की मोहब्बत को समझ पाओगे
वरना तो ये एक नादानी से ज़्यादा
लगती और कुछ भी नहीं...

ये ज़रिया है एक सादा सा
खुद से ज़्यादा, खुदा के नज़दीक होने का
ये इबादत है दिल से किसी के दिल की
उससे ज़्यादा और कुछ भी नहीं..

**

सुकून

ना सुकून दिल के होने में
ना सुकून दिल के खोने में ....
ना सुकून उसकी तलाश में
ना नज़दीकियों के एहसास में ....

ना सुकून पूरे होते ख़्वाबों में
ना ज़िंदगी के उलझे धागों में ...
ना आशिक़ी में ना रंजिश में
ना मंदिर में ना ही मस्जिद में ...

ना बूंदों में ना शबनम में
ना अक्स में ना ही दर्पण में ...
ना मसरूफ़ियत में ना ही फ़ुर्सत में
ना इंद्रधनुष की रंगत में ...

ढूंढा मैंने इधर-उधर ...
रातों में और सहर-सहर
सागर में और लहर-लहर...
और ना जाने किधर-किधर

वो मिला मुझे प्यार के दो शब्द पिरोने में
ममता के मखमली बिछौने में ..
मैं हूँ ये एहसास दिलाने में
किसी रोते को हंसाने में ...
जब आया मुझे सुकून देना किसी को
वो मिला मेरे दिल एक हर एक कोने में ....

एक दोस्त ऐसा हो

एक दोस्त ऐसा हो
जो ज़िंदगी की धूप में
Air Conditioner सा ठंडा हो
ठिठुरती हुई ठंड में
Centrally heated कमरा हो...

बरसात आए जब जीवन में
वो एक सतरंगी सा छाता हो
रोते-रोते हंसाना तुमको
उसे बखूबी आता हो....

जो बेबाक तुमको डांट सके
हक से कुछ भी मांग सके
जो तुमको खुद ना समझ आएं
वो mood swings तुम्हारे पहचान सके

ये प्यार इश्क़ मोहब्बत
सब दीवानी सी बातें है...
ज़िंदगी के extreme weathers में
ये दोस्त ही हमेशा याद आते हैं

Because we always forget to give recognition to their contribution....dedicated to the lovely homemakers !!

It's the only work she does

She gets up in the morning
With only one thing in mind...
What can she cook for you today
With the previous day's menu in rewind...

You wake up in the morning
Adore yourself in the mirror...
You will plan to go for a walk
And soak in nature....

With the messy bun on head
She will pack your bags...
Soaking in the heat of the gas
Wiping the forehead with rags...

She will wake up the kids
Bear their tantrums with a face so kind..
She can't ask you for help
You are getting late and have got no time...

You will think in your mind
This is the only work she does...
Even when you know you can help
You won't budge....

You are looking chic and smart
Ready to face the day...
Then you will nag her a few times
For getting you late...

Her mood goes off
She feels awfully sad...
But that goes unnoticed
And that turns her mad...

You are amongst your friends
Out of the house...
She is still pondering over
From where to start cleaning the chaos...

She is still upset
And starts doubting herself....
But she doesn't have time to think
She rushes to get the kids..

She will listen to their cribbings
And will manage their to-do list...
Will help with the homework
And all the other tits bits...

She will take kids out for playtime
And drain herself out...
It's time you are back home
Looking weary and down out....

She will seek your help for dinner
But you won't budge....
She has gone so out of shape
Won't harm her if she will work...

You will go off to sleep
She can't sleep before the kids....
But she can just not crib
Because it's the only work she does...

Mishthu

In the shadows of your love
I find serenity
In your smile, in your laughter
I sense divinity!

Somewhere down the memory lane
I remember I was lost
Until I found you
And I found my sanity!

For you are my forever
The reason behind my shining days and night
Seeing you as a part of me
Flatters my vanity!

You are the spring to my seasons
The most beautiful flower in my garden
You are the choicest song in my playlist
You are my beautiful reality!

Love doesn't come to those who seek it
and love doesn't make life easy
But when it's there, you just know
You are blessed in entirety!

एक दुआ

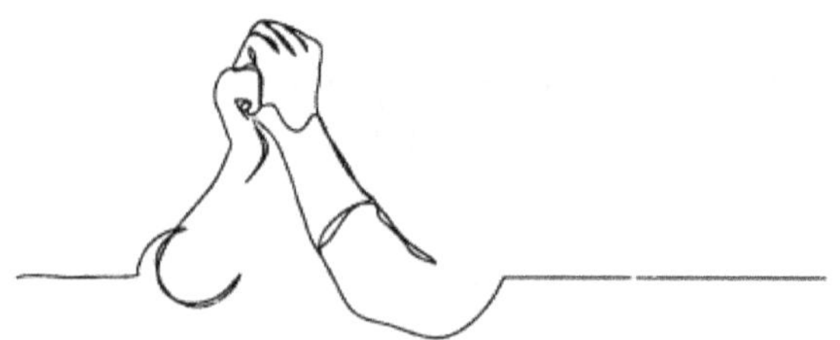

एक दुआ मुट्ठी में दबा के हवा में उड़ा दी मैंने
अगर क़ुबूल हो जाए तो मेरा मक़सद बता देना...
खोया पाया, रंजिश, मोहब्बत भूलने लगी हूँ अब
मुझे मेरे जीने का सबब बता देना...

किसको पूजूँ, किस चौखट पर माथा टेकूँ
मुझे मेरी साँसों का मज़हब बता देना....
कौनसी गली, कौनसा कूचा, कौनसा शहर है मेरा
किस घर को कहूँ अपना... ये सब बता देना...

अब तक जैसे तैसे चल कर पहुँच गई हूँ यहां तक
इससे आगे चलने का, मुझे अदब बता देना...
और बुझाने में जिसे मिल जाए मुझे अपनी रूहानी
मंज़िल
मेरी जान को ऐसी कोई नेक तलब लगा देना...

वो

वो ना राह थी ना ही मंज़िल
ना साथी था ना रहनुमा
वो ना अपना था ना पराया
ना मेरी ज़मीन थी ना आसमां
वो ना आफताब की रोशनी थी
ना माहतब की ठंडक
ना मन का अंधेरा था
ना इस दिल की रौनक
ना उससे कोई शिकवा थी
ना ही कोई गुज़ारिश
ना कोई उम्मीद थी
ना कोई फरमाइश
ना दूर था मुझसे
ना मेरे पास ही था
ना रूबरू हुआ कभी
ना एहसास ही था

वो बस एक ख़ुशबू थी जो साथ चलती रही और सफ़र महकता रहा।

एक ही आरज़ू

ना आरज़ू इश्क़ की... ना दोस्त की तलाश है
ना ख्वाब सतरंगी देखू ....ना महलों की आस है
ना खुशी मन को कुछ होने की ....ना न होने से उदास
है
एक खुद को मैं पहचान सकूं...बस इतनी मुझको
प्यास है

दूर कहीं दूर

उसने शोर किया
बाहर नहीं
मेरे मन के भीतर
वो चाहता तो
चुपचाप भी जा सकता था
पर वो आया
वो आया और
हर तार को छूकर
उसने अपना राग सुनाया
मैंने सुना उस शोर को
कभी ख़ुशी से
कभी असहज़ होकर
पर रोका नहीं मैंने उसे
चाहती तो रोक भी सकती थी
पर मैंने होने दिया इस शोर को
बाहर नहीं , बाहर कहीं भी नहीं
बस अपने मन के भीतर
फिर जब उस शोर से मन घबराने लगा

वक़्त बेवक़्त जब वो सताने लगा
तो डोर को हाथों में लेकर
काट दी मैंने हर एक तार
उस आवाज़ का हर एक लफ़्ज़
कर दिया मैंने ज़ार ज़ार
और फिर होता रहा वो शोर
कहीं भीतर नहीं
भीतर कहीं भी नहीं
बस मेरे मन के बाहर
दूर कहीं मेरे मन के बाहर

**